AF269807

Este libro pertenece a:

....

Es un regalo de:

....

SAN PABLO

La vida de Jesús

Nuevo Testamento

El anuncio de Gabriel (Lucas 1)

En Nazaret, un pequeño pueblo de Galilea, vivía una joven llamada María. Estaba muy contenta porque acababa de prometerse con José y muy ilusionada con su boda.

Un día, su casa se llenó de una luz cegadora.
—Dios te salve, María. Llena eres de gracia
–dijo el ángel Gabriel–. El Señor es contigo, bendita
tú eres entre todas las mujeres.

María no salía de su asombro.

—Darás a luz a un hijo, al que llamarás Jesús. Es el Salvador que Dios prometió enviar, el Hijo de Dios.

    Aunque sabía que era toda una responsabilidad, y que no sería fácil tener un hijo tan especial, María dijo «sí». Y gracias a ese generoso «sí», María cambió la historia de toda la humanidad, llenándola de fe, amor y esperanza.

El sueño de José (Mateo 1)

José, el prometido de María, tuvo un sueño aquella misma noche en el que se le apareció también el ángel Gabriel.

8

Le explicó que María había sido elegida para traer al mundo al Hijo de Dios, y que el Señor confiaba en él para protegerlos y colmarles de amor.

José no entendía cómo un humilde carpintero podría llevar a cabo esa misión; pero si Dios confiaba en él, seguro que con su ayuda lo conseguiría. ¡La promesa de Dios estaba a punto de cumplirse!

Poco después se casó con María, y durante toda
su vida cumplió con el compromiso de cuidar,
querer y proteger a su familia.

María visita a su prima (Lucas 1)

El ángel Gabriel también le dijo a María que su prima Isabel, mucho mayor que ella, estaba embarazada.

Sin dudarlo, y sin pensar en ella misma, María emprendió un camino largo y difícil para cuidar a Isabel.

En cuanto la vio entrar en su casa, Isabel la saludó llena de alegría:

—Bendita tú eres entre todas las mujeres y bendito es el fruto de tu vientre.

13

¿Te suenan estas palabras? ¡Eso es! Forman parte del avemaría que rezamos.

María atendió a su prima hasta que esta dio a
luz a su pequeño Juan. Después regresó a su casa,
en Nazaret, para preparar su boda y el nacimiento
de su esperado bebé. ¡Qué ganas tenía de ser
la mamá de Jesús!

15

Nace Jesús (Lucas 2)

El emperador de Roma, César Augusto, ordenó que todos los habitantes se registraran, con sus datos y los de su familia, en sus ciudades de nacimiento, para controlar mejor el pago de impuestos.

Como José era de un pequeño pueblo llamado Belén, que estaba a muchos kilómetros de Nazaret, tuvieron que desplazarse hasta allí para cumplir con la orden del emperador.

17

María estaba a punto de dar a luz; y, cuando entraron en Belén, María notó que Jesús venía. José buscó un sitio para pasar la noche, pero era tarde y no encontró alojamiento en ninguna parte.

Así fue como Jesús, el Hijo de Dios, nació en
un establo, abrigado con el amor de sus padres
y el calor de los animales. Y una estrella enorme
apareció en el cielo para celebrarlo.

Los pastores visitan al Niño (Lucas 2)

En una montaña, cerca de Belén, había unos pastores cuidando de sus ovejas en mitad de la noche. Mientras contaban historias alrededor de una hoguera, el cielo resplandeció. Ellos se asustaron, hasta que la luz desapareció y dejó ver a un ángel, que les dijo:

—¡Os traigo una buena nueva! ¡Ha nacido Jesús, el Salvador! Si vais a Belén podréis conocerle, está en un pesebre.

El cielo volvió a iluminarse con un coro de ángeles que cantaba: «¡Gloria a Dios en las alturas!».

Cuando los ángeles desaparecieron,
los pastores, con sus ovejas, corrieron hacia Belén
para conocer a aquel bebé tan especial.

Y después, compartieron la gran noticia con todos sus amigos y vecinos.

Los Magos de Oriente (Mateo 2)

En Oriente, unos hombres sabios que habían leído muchos libros y estudiaban cada noche las estrellas, descubrieron una luz nueva en el firmamento.

—¡Esa estrella tan especial anuncia que
un nuevo rey ha nacido! ¡Vayamos a conocerlo!
    Y cargaron sus camellos con regalos y todo
lo necesario para un largo viaje.
    La estela brillante les guio en su camino, y
los Magos creían que el nuevo rey había nacido
en un palacio... Pero nada más lejos de la realidad.

La estrella se detuvo sobre un humilde establo, y los Magos se arrodillaron ante el Niño Jesús y le entregaron sus presentes: oro (regalo típico para los reyes entonces), incienso (con el que se hacían las ofrendas a Dios) y mirra (una sustancia para perfumar y embalsamar a los seres humanos).

Seguro que para ti son
unos regalos raros, pero según
la costumbre de la época, acababan de
reconocer a Jesús como rey, Dios y hombre.

Huida a Egipto (Mateo 2)

Herodes era el rey de Judea por aquel entonces. Escuchó a sus súbditos y a los Magos de Oriente hablar muy impresionados de un niño que acababa de nacer, que era… ¡el rey de los judíos! Decidió que nadie iba a quitarle el trono… ¡y menos un niño!

Así que ordenó a sus soldados que lo mataran.

De nuevo, el ángel de Dios apareció en los sueños de José y le dijo:

—Levántate, coge al niño y a su madre y huye a Egipto. Quédate allí hasta que yo te avise, porque Herodes quiere matarlo.

Salieron de noche, a toda prisa, hacia una tierra
desconocida, pero juntos. Así evitaron que
los soldados hicieran daño a su pequeño.

El malvado Herodes, al no encontrar a Jesús, ordenó acabar con la vida de todos los niños menores de dos años. ¡Qué cruel y cobarde, atacar a quien no puede defenderse! Jesús, gracias a la fe y al coraje de José, estaba ya muy lejos de aquel peligro.

Presentación en el Templo (Lucas 2)

Cuando Herodes murió y el peligro pasó, regresaron a Nazaret. Poco después, fueron al Templo de Jerusalén, para presentarlo al Señor, como indicaba la costumbre religiosa de la época.

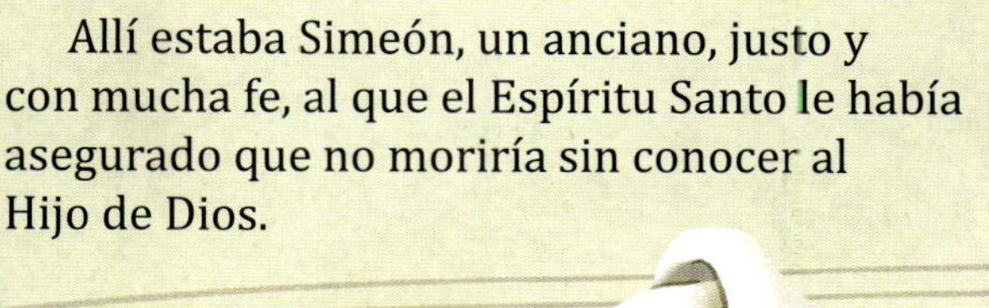

Allí estaba Simeón, un anciano, justo y
con mucha fe, al que el Espíritu Santo le había
asegurado que no moriría sin conocer al
Hijo de Dios.

Cuando José y María entraron en el Templo
con su bebé, Simeón se dirigió hacia ellos, tomó al
pequeño en brazos y dio las gracias a Dios:
—Señor, ya puedes dejar morir en paz a tu siervo,
porque mis ojos han visto a tu Salvador.

Y maravillados con el cariño que despertaba
su hijo, María y José regresaron felices a Nazaret.

Jesús se pierde (Lucas 2)

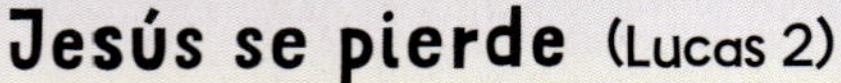

Igual que tú, Jesús creció, y con 12 años volvió a Jerusalén con María y José para celebrar la Pascua. ¡Era una gran fiesta! Cantaron y rezaron a Dios en el Templo y visitaron a sus amigos y parientes.

Después de una semana de celebraciones, todos emprendieron la vuelta a sus respectivas casas. Eran muchos, y charlaban unos con otros para hacer el camino más entretenido.

María se dio cuenta de que ¡Jesús no estaba!
Sus padres volvieron corriendo a Jerusalén.
Lo buscaron por todas partes, y lo encontraron en
el Templo, hablando tan tranquilo con los maestros.

—Pero, Jesús –dijo su madre–, ¿cómo nos has dado este susto? Estábamos muy preocupados.

—Estoy donde debo estar –le respondió Jesús–, en la casa de mi Padre.

San Juan Bautista (Lucas 3)

¿Recuerdas que María visitó a su prima Isabel y la cuidó hasta que su pequeño Juan nació? Pues él también creció y se convirtió en un hombre fuerte que decidió vivir en el desierto.

Juan viajaba por toda la región, y hablaba
de Dios a todo el que quisiera escucharle:
—Arrepentíos de vuestros pecados y Dios
os perdonará.

41

A los que se arrepentían de verdad, los bautizaba en el río Jordán, para señalar que quedaban limpios de pecados.

Y cuando empezaron a preguntarle si él era
el Mesías, Juan respondió:

—Yo bautizo con agua, pero el que viene detrás
de mí os bautizará con el fuego del Espíritu Santo.

El Bautismo de Jesús (Marcos 1)

Jesús decidió ir al río Jordán para que Juan lo bautizara.

Cuando Juan lo vio, le dijo:
—Soy yo el que debe ser bautizado por ti.
Pero Jesús insistió.

Justo cuando Juan derramaba agua sobre su primo, el cielo se abrió y el Espíritu Santo descendió sobre él, en forma de paloma.

Y desde el cielo se oyó una voz que decía: «Tú eres mi Hijo amado, en quien yo me complazco».

Tentaciones en el desierto (Mateo 4)

Después del Bautismo, Jesús pasó cuarenta días y cuarenta noches en el desierto. Rezó durante largo tiempo, hasta que sintió que empezaba a tener mucha hambre.

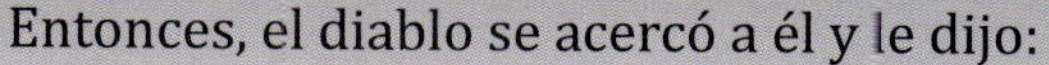

Entonces, el diablo se acercó a él y le dijo:

—Si eres el Hijo de Dios, convierte esas piedras en pan.

—No solo de pan vive el hombre, sino de toda palabra que sale de la boca de Dios –respondió Jesús.

Seguidamente, el diablo lo llevó a lo alto de un templo y le animó a que se lanzara al vacío, porque Dios no permitiría que su hijo muriese. Pero Jesús dijo:

—Nunca pondré a Dios a prueba.

Más tarde, el diablo volvió y le aseguró que, si le adoraba a él en vez de a Dios, le daría todos los tesoros de la tierra. Pero Jesús le contestó:

—Aléjate de mí, Satanás, porque está escrito que hay que adorar a Dios y servirle solo a Él.

Ven y sígueme (Marcos 1)

Cuando Jesús volvió del desierto, comenzó a recorrer pueblos y ciudades para enseñar lo que decía su Padre Dios y para curar a los enfermos.

Cada vez iban a escucharle más personas, y Jesús buscó amigos de confianza para que le ayudaran. Junto al mar de Galilea, vio a unos pescadores:

—¡Pedro! ¡Andrés! –les llamó Jesús–. Venid conmigo, yo os enseñaré a ser pescadores de hombres.

Y los dos hombres lo dejaron todo y se fueron con él.

En la otra orilla, Jesús llamó a dos
pescadores más:
—¡Santiago! ¡Juan! Venid conmigo.
Y ellos también siguieron a Jesús.

Después llamó a Felipe, Bartolomé, Tomás,
Mateo, Santiago el Menor, Judas Tadeo, Simón
y Judas Iscariote. Doce hombres buenos,
trabajadores y sencillos que ayudaron a Jesús.

La boda en Caná (Juan 2)

En la ciudad de Caná se celebró una boda a la que estaban invitados María, Jesús y sus discípulos.

Al poco de empezar la fiesta se acabó el vino,
y los novios no sabían qué hacer. Para ayudarlos,
María habló con su hijo.

—Llenad esas jarras con agua, y después, podéis servir a los invitados.

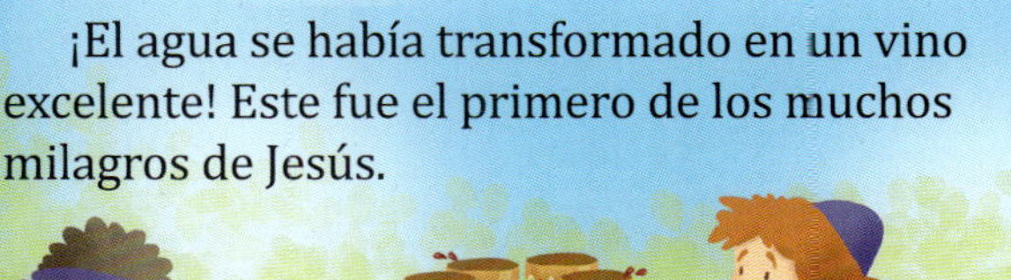

¡El agua se había transformado en un vino
excelente! Este fue el primero de los muchos
milagros de Jesús.

La suegra de Pedro (Lucas 4)

Otro día, Jesús salía de la sinagoga con algunos discípulos, y Pedro les invitó a comer en su casa.

Al llegar allí, encontraron a la suegra de Pedro acostada, con una fiebre altísima y muy enferma. Jesús se acercó a ella, le tocó la mano con cuidado, y la fiebre desapareció por completo.

Se recuperó de tal forma, que en aquel momento se levantó y les sirvió la comida.

La noticia de su curación se extendió
rápidamente, y en pocas horas una multitud
se agolpaba a las puertas de la casa de Pedro. Jesús
no dudó en salir para atenderlos a todos.

¡Somos la luz del mundo! (Mateo 5)

Un día, Jesús dijo a sus seguidores:

—Vosotros sois la sal de la tierra, la luz del mundo, la ciudad situada sobre lo alto del monte.

En aquella época no había electricidad,
ni neveras, por eso, la sal no solo daba gusto a
los alimentos, sino que además los conservaba.
Un condimento que solo se nota cuando falta y
que resultaba imprescindible.

La luz es necesaria para alumbrar el camino, pues es peligroso caminar en la oscuridad. Y Jesús no dice que tengamos que ser luz, ¡sino que ya lo somos!

¿Y la ciudad sobre la montaña? Es un lugar a la vista de todos, no se puede esconder. En esta ciudad no se puede decir una cosa y hacer otra, porque todos lo verán.

Con estos símbolos, Jesús nos invita a actuar con bondad, compresión y sinceridad, para ser auténticos embajadores de la palabra de Dios.

67

Jesús y el amor de Dios (Mateo 6)

Jesús estaba sentado en la ladera de una montaña con sus amigos. Su fama se había extendido, y muchas personas los rodeaban para saber de qué hablaban.

Sus doce amigos se preocupaban
porque no sabían qué iban a comer
al día siguiente, ni si iban a poder
cambiarse de ropa.

—Mirad los pájaros del cielo –les
explicó Jesús–. Ellos no almacenan
comida, pero Dios se encarga de que no
les falte alimento.

Y continuó diciendo:

—¿Y las flores que nos rodean? No se preocupan de su ropa, porque Dios les da los más hermosos vestidos.

Todos lo escuchaban con atención, y entonces Jesús terminó su enseñanza:

—Si Dios cuida de los pájaros y las flores, ¿cómo no va a cuidar de vosotros? Pedid lo que necesitéis, y Él os cuidará.

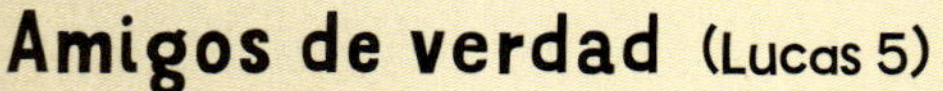

Amigos de verdad (Lucas 5)

En todos los sitios que visitaba, Jesús curaba a muchas personas. Un día estaba predicando en una casa de Cafarnaún, y una multitud de personas rodeaba la casa.

En aquella ciudad vivía un hombre que estaba paralítico, y cuatro amigos decidieron llevarlo a ver a Jesús para que lo curase. Lo sacaron de su casa en una camilla e intentaron acercarse a Jesús.

¡Pero había gente por todos los rincones! Así
que se les ocurrió subirle al techo y, una vez arriba,
¡hicieron un agujero por el que descolgaron a
su amigo!

Al ver la fe de aquellos hombres, Jesús miró al de la camilla y dijo:

—Levántate, recoge tu camilla y vuelve a casa.

Los cinco amigos se fueron caminando y, entre saltos de alegría, daban gracias a Dios.

Una casa bien hecha (Mateo 7)

Las parábolas eran historias que Jesús contaba para que sus enseñanzas se entendieran mejor. Un día, Jesús habló sobre dos casas muy diferentes.

Una fue construida por un hombre trabajador, que le puso sólidos cimientos y la colocó sobre una roca firme. Pasaron los años, y ni lluvia ni viento hicieron mella en la casa.

Otro hombre, algo más comodón, decidió hacer una casa de la forma más rápida y sin esfuerzo. ¿Imaginas lo que ocurrió?

Las primeras lluvias acabaron con sus frágiles muros y el viento arrastró sus cimientos. Y lo mismo pasa con las enseñanzas de Jesús: que no son fáciles de seguir, pero son robustas y hacen felices a quienes las trabajan.

La parábola del sembrador (Lucas 8)

En este pasaje, Jesús nos habla de un sembrador que esparció sus semillas por el campo. Algunas cayeron en el camino y los pájaros se las comieron. Estas semillas son como las personas que no escuchan el mensaje de Jesús.

Otras cayeron sobre las piedras y brotaron, pero pronto se secaron, como aquellos que se interesan por la palabra de Dios, pero la olvidan en cuanto aparecen los problemas.

Otras cayeron en la maleza. Brotaron y crecieron
un poco, pero la mala hierba terminó asfixiándolas.
Como los que escuchan la Palabra, pero luego
se acuerdan más de sus caprichos que de
las necesidades de los demás.

Y otras semillas cayeron en tierra fértil, ¡y crecieron hasta convertirse en plantas fuertes y hermosas! Estas dieron cientos de frutos; como las personas que escuchan y practican las enseñanzas de Jesús.

Parábola del hijo pródigo (Lucas 15)

Esta es la historia de un hombre que tenía dos hijos.

El menor de ellos le pidió su herencia y se marchó a un país lejano a gastarse en fiestas y diversión todo el dinero que su padre le había dado.

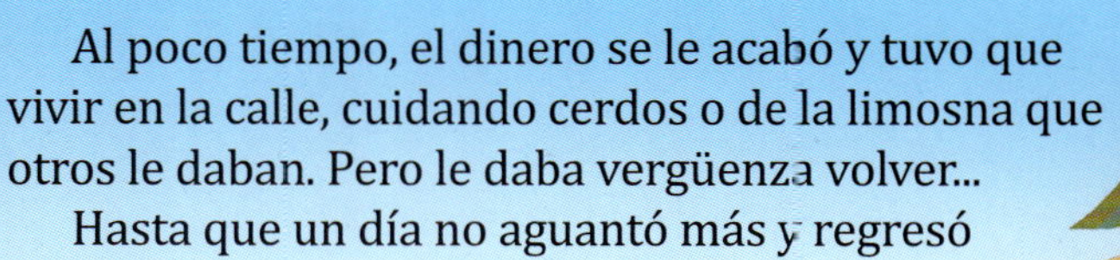

Al poco tiempo, el dinero se le acabó y tuvo que vivir en la calle, cuidando cerdos o de la limosna que otros le daban. Pero le daba vergüenza volver...

Hasta que un día no aguantó más y regresó a su casa.

Al verlo llegar, el padre salió a recibirlo con un fuerte abrazo. Le dio su mejor traje y preparó un gran banquete. El hijo mayor se enfadó al ver todos los festejos.

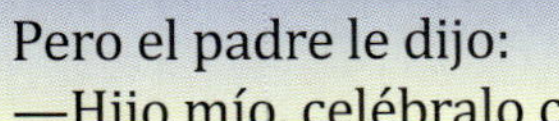

Pero el padre le dijo:
—Hijo mío, celébralo conmigo, porque
tu hermano estaba perdido y lo hemos recuperado.

Parábola del samaritano (Lucas 10)

A un hombre que viajaba de Jerusalén a Jericó, unos ladrones lo asaltaron, le robaron todo lo que llevaba y lo dejaron tirado medio muerto.

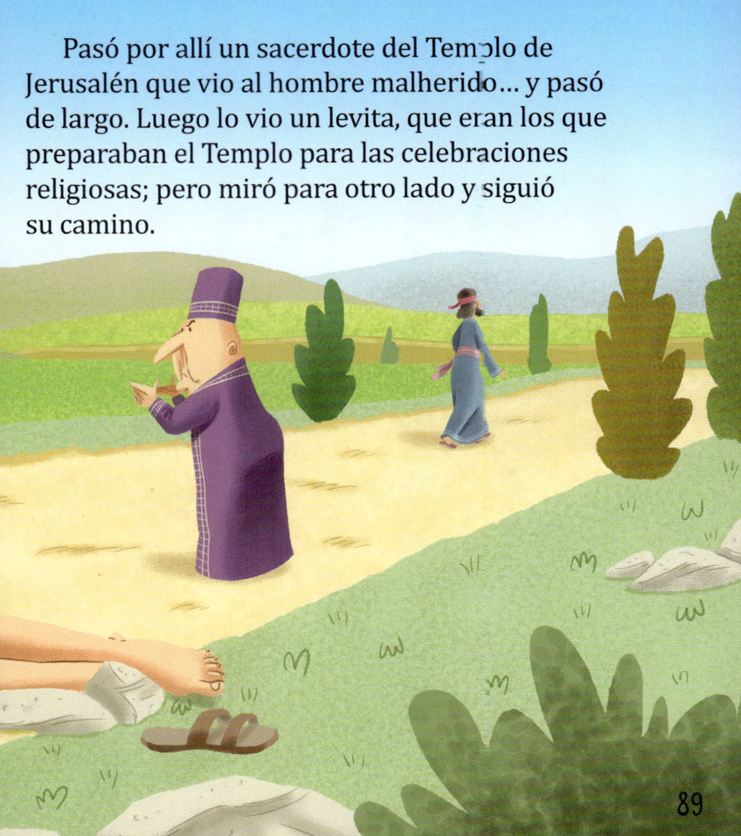

Pasó por allí un sacerdote del Templo de Jerusalén que vio al hombre malherido... y pasó de largo. Luego lo vio un levita, que eran los que preparaban el Templo para las celebraciones religiosas; pero miró para otro lado y siguió su camino.

Después, un ciudadano de Samaría se tropezó con él y, al ver lo mal que estaba, bajó de su burro y le curó las heridas. Lo llevó hasta el pueblo más cercano y lo cuidó hasta que se recuperó.

—Eso es cuidar al prójimo –explicó Jesús tras contar esta historia–. El samaritano fue el único que se comportó como Dios quiere. Y vosotros tenéis que hacer lo mismo.

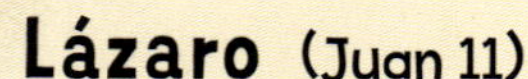

Lázaro (Juan 11)

Jesús se llevaba muy bien con dos hermanas, Marta y María. Vivían en Betania, y un día le avisaron porque su hermano Lázaro estaba muy enfermo.

Unos días después, cuando llegó a Betania, Marta
le contó que Lázaro había muerto y llevaba cuatro
días enterrado.

—Si hubieras estado aquí, mi hermano seguiría
vivo –le dijo María.

—Tu hermano resucitará –aseguró Jesús–. Llévame hasta su cuerpo.

Cuando llegaron a la tumba de su amigo, Jesús lloró. Luego pidió que retiraran la piedra de la entrada, rezó y exclamó:

—¡Lázaro, sal fuera!

Todos los que estaban allí observaron en silencio cómo salía, caminando, de la oscuridad de su tumba. ¡Lázaro había vuelto!

Jesús y los niños (Mateo 9)

Jesús quiere a todos los seres humanos, de cualquier condición y raza, pero siempre sintió un amor especial hacia los niños.

Un día, algunas madres quisieron acercarse a Jesús para que bendijera a sus hijos. Los discípulos intentaron evitarlo, porque pensaban que Jesús estaba demasiado ocupado.

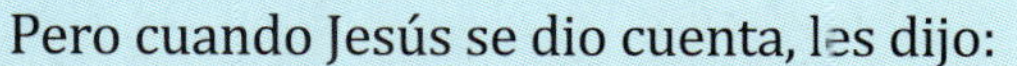

Pero cuando Jesús se dio cuenta, les dijo:
—Dejad que los niños se acerquen a mí y no se lo impidáis, porque de ellos es el reino de Dios.

La hija de Jairo (Lucas 8)

Otro día, mientras Jesús paseaba por la orilla del mar y la multitud comenzaba a rodearle, el jefe de la sinagoga, llamado Jairo, se abrió paso y cayó de rodillas frente a él:

—Mi hija de doce años va a morir, te suplico que la ayudes.

Y Jesús se puso en camino, pero la gente no le dejaba avanzar. Entonces, unos vecinos se acercaron a ellos y le dijeron a Jairo:

—Tu hija acaba de morir, no molestes al Maestro.

Pero Jesús siguió hacia la casa de Jairo,
animándole y pidiéndole que no tuviera miedo.

Cuando por fin llegaron, encontraron a sus
familiares y amigos llorando desconsolados.
Jesús les dijo:

—No está muerta,
solo duerme.

Entre las burlas de los vecinos, Jesús tomó
la mano de la pequeña y le ordenó:

—Niña, levántate.

Y como si acabara de despertar, ¡la pequeña
abrió los ojos y corrió a abrazar a
sus contentísimos padres!

Curación en la piscina (Juan 5)

Había en Jerusalén una piscina a la que acudían muchos enfermos, esperando a que sus aguas se agitasen. Creían que era obra de un ángel, y solo el primero que se sumergía conseguía curarse.

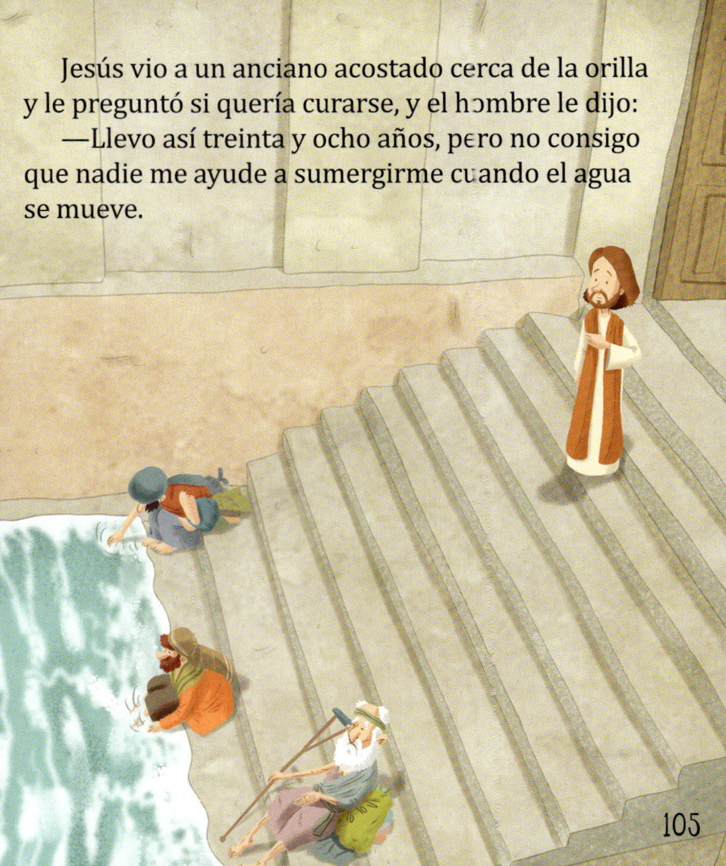

Jesús vio a un anciano acostado cerca de la orilla y le preguntó si quería curarse, y el hombre le dijo:

—Llevo así treinta y ocho años, pero no consigo que nadie me ayude a sumergirme cuando el agua se mueve.

—Pues levántate, recoge tu camilla y vuelve
a casa –dijo Jesús.

Y en aquel mismo momento, ¡el anciano se curó y
pudo volver andando a su casa!

Parábola del tesoro escondido

Un campesino estaba arando el terreno de otro,
cuando tropezó con algo muy duro.

Se detuvo y excavó con las manos para sacar
de ahí lo que creía que era un pedrusco. ¡Menuda
sorpresa se llevó! No era una piedra, sino un cofre
lleno de piedras preciosas. El hombre volvió a
esconder el tesoro y corrió al
pueblo a vender todo
lo que tenía.

Con lo que obtuvo, compró el campo a su propietario; y el tesoro que seguía enterrado en él. Allí estaba todo lo que necesitaba para ser feliz.

Al contar esta historia, Jesús quiso explicar
el gran valor del reino de Dios. Igual que el tesoro,
es un regalo que se encuentra; pero requiere dejar
atrás lo material para poder disfrutar
de toda su gloria.

Parábola del buen pastor (Lucas 15)

En otra ocasión, Jesús les contó esta historia sobre un pastor que tenía cien ovejas y las cuidaba a todas con el mismo cariño. Las ovejas se sentían queridas por él y no se separaban de su lado.

Una noche, al contarlas tras guardarlas en el establo para protegerlas de los animales salvajes, el pastor se dio cuenta de que le faltaba una. Era una noche fría y oscura, y el pastor sabía que la pequeña oveja corría peligro.

En su búsqueda, el pastor se alejó de la casa…
y escuchó a lo lejos una oveja balar. ¡Era la suya!
Ya sabía hacia dónde ir. La encontró, la colocó sobre
sus hombros y la llevó a casa.

—Dios es como ese pastor –explicó Jesús–. Si una persona se pierde, la buscará y la llevará de vuelta a casa, sin importar lo que tenga que hacer para conseguirlo.

Las Bienaventuranzas (Mateo 5)

Las Bienaventuranzas son consejos que nos da Jesús para tener una vida plena y ser felices:

1. Bienaventurados los pobres de espíritu, porque de ellos es el reino de los cielos. Los pobres de espíritu saben que no son perfectos y encuentran la forma de pedir ayuda y perdón a los demás.

2. Bienaventurados los mansos, porque ellos poseerán la tierra. Los «mansos» son los que dialogan e intentan ponerse en la situación del otro, siempre respetándose a sí mismos y a quienes les rodean.

3. **Bienaventurados los que lloran, porque ellos serán consolados.** Jesús se refiere a los que sufren por el dolor que les han causado otros, y también a los que sufren por haber hecho daño a otros.

4. Bienaventurados los que tienen hambre y sed de justicia, porque ellos serán saciados. En este caso, Jesús habla de la inquietud que provoca saber que puedes hacer algo más por ayudar a los demás a descubrir lo que realmente importa y no dejarse llevar por cosas sin trascendencia.

5. Bienaventurados los misericordiosos, porque ellos alcanzarán misericordia. Ya rezamos en el padrenuestro: «Perdona nuestras ofensas como nosotros perdonamos a los que nos ofenden». Y eso es la misericordia, saber perdonar de corazón y sin resentimiento.

6. Bienaventurados los limpios de corazón, porque ellos verán a Dios. Todos tenemos una voz interior que a veces nos da malos consejos. Pero somos libres de escucharla y de decidir qué debemos hacer en cada situación.

7. Bienaventurados los pacíficos, porque ellos serán llamados hijos de Dios. San Pablo nos recuerda que la paz de Cristo es la que hace de dos pueblos uno. El amor es creativo, y también es la herramienta imprescindible para encontrar la reconciliación con uno mismo y con los demás.

8. Bienaventurados los que padecen persecución por la justicia, porque suyo es el reino de los cielos.

Cuando alguien no se comporta bien y se lo dices, a veces se enfada y la toma contigo. Pero tú sabes que hay conductas que no se pueden permitir, como cuando se meten con un amigo. Si apoyas a tu amigo, se meterán también contigo, pero juntos buscaréis la forma de pedir ayuda y acabar con esa persecución.

Quiere a tus enemigos (Lucas 6)

Al hablar de los enemigos, Jesús se refiere a esas personas que no siempre se portan bien contigo. Y, aunque parece bien difícil, como Dios nos ha dado un corazón enorme, es posible conseguirlo.

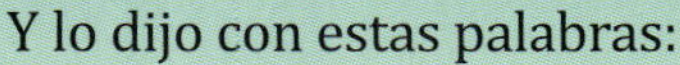

Y lo dijo con estas palabras:

—Amad a vuestros enemigos, haced el bien a los que os aborrecen; bendecid a los que os maldicen y rezad por los que os insultan. A cualquiera que te pida, dale.

Porque querer a los que te quieren es fácil, cualquiera puede hacerlo. Pero esta petición de amar al otro, sea como sea, y tratarlo como te gustaría que te trataran a ti, necesita una fuerza especial.

Así es como nos quiere Dios a nosotros:
sin condiciones y sin límites. Y así espera que
queramos a los demás.

Por sus frutos los conoceréis (Lucas 6)

Jesús nos da un buen consejo para no fiarnos de los lobos con piel de cordero. Nos pone el ejemplo del árbol bueno, que da buenos frutos, y nos previene de los malos frutos que da el árbol malo.

Los árboles pueden parecer iguales…
Y no seremos capaces de distinguirlos hasta
probar su fruta.

De esta forma tan bonita, Jesús nos anima a
no confiar en las apariencias; ¡ni siquiera en las
palabras! Porque el árbol es una metáfora de
nuestro corazón, y los frutos son las acciones que
aquel impulsa.

Un corazón bueno nunca se cansa de hacer
el bien, y un corazón malo, por muy bonito que
parezca, tampoco se cansará de hacer daño.

El padrenuestro (Mateo 6)

Otro día, estaba Jesús en el monte de los Olivos y sus discípulos se acercaron a preguntarle cómo podían rezar. Jesús les enseñó el padrenuestro:

132

Padre nuestro que estás en el cielo,
santificado sea tu nombre,
venga a nosotros tu Reino,

hágase tu voluntad, en la tierra como en el cielo.
Danos hoy nuestro pan de cada día,
perdona nuestras ofensas

como nosotros perdonamos
a los que nos ofenden.
No nos dejes caer en la tentación,
y líbranos del mal. Amén.

Jesús y la tormenta (Marcos 6)

Para cruzar el lago, Jesús y sus discípulos subieron a una barca. Jesús estaba tan cansado que se quedó dormido. Cuando se alejaron de la orilla, el cielo se puso negro y los truenos y relámpagos anunciaron la llegada de una feroz tormenta.

El viento y la lluvia zarandeaban la barca, y los discípulos pensaban que iban a hundirse, así que despertaron a Jesús.

Él se puso en pie y pidió al viento y a las olas que se calmasen y, cuando la tormenta amainó, les dijo a sus discípulos:

—¿Dónde está vuestra fe? ¿Por qué teníais miedo? ¿No sabéis que Dios nos cuida?

Y los discípulos, muy impresionados, lamentaron su falta de confianza en Dios.

Los panes y los peces (Juan 6)

Pocos días antes de la Pascua, Jesús y sus amigos ascendieron al monte para hablar con la gente que había ido a verlos. Pasaron las horas y Felipe se dio cuenta de que aquellas personas tenían mucha hambre.

—Jesús, han venido miles de personas a escucharte –dijo Felipe–, ¡y solo tenemos cinco panes y dos peces! ¿Qué vamos a hacer?

Entonces, Jesús dio las gracias a Dios por aquellos alimentos, y pidió a sus amigos que los repartieran y que nadie se quedase con hambre.

Las cestas nunca se vaciaban y todos comieron hasta que el hambre desapareció. ¡Incluso sobró comida! También todos, juntos, dieron gracias a Dios por el milagro que acababan de presenciar.

Parábola de los dos hijos (Mateo 21)

Otro día, Jesús contó la historia de dos hermanos a los que su padre pidió ayuda para terminar el trabajo que le quedaba en el campo.

Uno de ellos, le respondió sin más explicación:

—No quiero.

Pero un rato después se arrepintió y corrió al campo a trabajar.

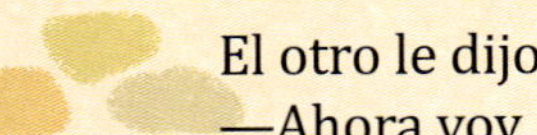

El otro le dijo:
—Ahora voy, papá.
Sin embargo, ni siquiera se acercó al campo.

Jesús nos recuerda con esta parábola que
lo importante son los hechos, no las palabras.
Y que siempre estamos a tiempo de arrepentirnos y
encontrar el camino de vuelta.

Parábola de los talentos (Mateo 25)

Los talentos eran un tipo de moneda que se utilizaba en la época de Jesús. Pero también son esas capacidades especiales que todos tenemos. Hay personas que tienen facilidad para la pintura, otras para el fútbol, la música...

Jesús contó la historia de un mercader que tuvo que salir de viaje y dejó a sus criados al cuidado de sus bienes. A uno le confió cinco talentos, a otro dos y al tercero uno.

Cuando volvió de su viaje, quiso saber qué habían hecho con aquel dinero.

El primero había utilizado tan bien los talentos
¡que ahora tenía diez! El segundo también había
ganado el doble. Y el último, por miedo a perderlo,
lo enterró y se quedó con el talento que tenía, sin
ganar nada.

Esta actitud decepcionó al mercader, que le quitó el talento que le había dado, y Jesús explicó que Dios espera lo mismo de nosotros: que aprovechemos los dones que nos da y que los multipliquemos.

Jesús camina sobre las aguas

(Mateo 14)

Al caer la tarde, Jesús les dijo a sus amigos que fueran al otro lado del lago, porque él necesitaba rezar un poco más. Cuando estaban a medio camino, vieron una silueta blanca que caminaba sobre el agua. ¡Parecía un fantasma!

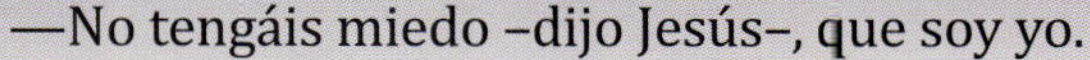

—No tengáis miedo –dijo Jesús–, que soy yo.

—Si eres tú –le pidió Pedro–, haz que yo también camine sobre el agua.

—Ven, acércate –dijo Jesús.

Pedro bajó de la barca y comenzó a caminar sobre el agua. Pero sintió miedo al ver las olas a su alrededor y empezó a hundirse.

Jesús extendió su mano y lo sujetó para que no se ahogase, mientras le decía:

—Pedro, ¿es que ya no crees en mí? ¿Qué ha pasado con tu fe?

Todos se arrodillaron y prometieron no volver a dudar de él.

La Transfiguración (Mateo 17)

Para sus ratos de oración, Jesús prefería la soledad
de la montaña. Pero aquella vez subió a la cima
acompañado de sus amigos Pedro, Santiago y Juan.

Mientras rezaban juntos a Dios, Jesús se transfiguró, que quiere decir que cambió de apariencia. Su rostro comenzó a resplandecer como el sol y su ropa se volvió blanca como la luz.

Junto a Jesús aparecieron Moisés y Elías, dos profetas que murieron mucho antes de que Jesús naciera, conocidos por su fe incondicional. Y desde una nube que se acercaba, resonó una voz que decía:

—Este es mi Hijo amado. Escuchadlo.

Pedro, Santiago y Juan ya conocían la parte humana de Jesús; y gracias a este momento, descubrieron también su lado más divino.

Zaqueo (Lucas 19)

Zaqueo era un hombre que trabajaba como recaudador de impuestos para el rey. Aprovechando su cargo, engañaba a sus vecinos cobrándoles más de lo que la ley exigía, y se quedaba con ese dinero extra.

Escuchó que Jesús iba a su ciudad, Jericó, y salió a la calle para verlo en persona. Como era muy bajito y había mucha gente, se subió a la rama de un árbol para que nadie le impidiera curiosear bien.

Cuando Jesús pasó cerca, se detuvo y dijo:
—Zaqueo, baja. Esta noche cenaré en tu casa.
¡El recaudador no podía creérselo!

Zaqueo sabía que no había sido buena persona,
y no entendía por qué Jesús quería cenar con él.
Esto le removió la conciencia, y prometió no volver
a engañar, devolver lo que había robado y compartir
su fortuna con los pobres.

163

Bartimeo (Marcos 10)

Jesús seguía en Jericó, camino de Jerusalén, y la multitud lo acompañaba allá donde iba.

En el mismo camino había un mendigo ciego, llamado Bartimeo, que escuchó el tumulto y preguntó qué pasaba. Al enterarse de que allí estaba Jesús, de quien había oído contar maravillas, se puso muy contento.

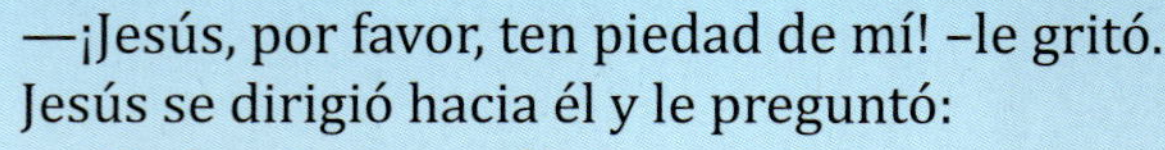

—¡Jesús, por favor, ten piedad de mí! –le gritó.
Jesús se dirigió hacia él y le preguntó:
—¿Qué quieres que haga por ti?

—¡Señor, haz que pueda ver! –suplicó Bartimeo.

—Tu fe te ha curado –dijo Jesús.

Inmediatamente, los ojos de Bartimeo se aclararon, ¡y comenzó a ver!

Los diez leprosos (Lucas 17)

A punto de entrar en Jerusalén, Jesús encontró a diez hombres apartados a un lado del camino. Tenían una enfermedad muy grave y muy contagiosa que se llama «lepra», y por eso no podían estar con otras personas sanas.

Como sabían que Jesús había curado a muchos enfermos, sin acercarse a él le gritaron:

—¡Jesús! ¡Por favor, ayúdanos!

—Podéis marcharos –dijo Jesús–. Id a ver a los sacerdotes para que os dejen acercaros a los demás.

Y todos se alejaron dando saltos de alegría, mientras sus heridas se iban curando de forma inmediata. Pero uno de los diez, que había empezado a correr hacia su casa, volvió para darle las gracias a Jesús.

Los diez habían sido curados, pero solo uno
de ellos había tenido la suficiente generosidad de
agradecer a Jesús el gran regalo que acababa de
recibir: la salud.

—Vete –dijo Jesús conmovido–,
tu fe te ha salvado.

171

Jesús entra en Jerusalén (Marcos 11)

Llegó la Pascua y Jerusalén se llenó de gente. Jesús también fue, con sus amigos, y antes de entrar les advirtió:

—En Jerusalén me condenarán a muerte, pero no os preocupéis, porque al tercer día voy a resucitar.

Los discípulos no entendieron las palabras de Jesús y, tal y como él les pidió, buscaron un burro para que entrara en la ciudad como si fuera un rey.

Como todos habían oído hablar de él,
lo recibieron con ramas de palma y con cantos
de alabanza. Pero lo que más ilusión le hizo fueron
los gritos y la alegría de los niños.

175

Mercaderes en el Templo (Mateo 21)

Las cosas habían cambiado mucho desde la última vez que Jesús había estado allí. Incluso el Templo, pues en aquella visita descubrió que se parecía más a un mercado que a un lugar de oración.

Había hombres que vendían aves, ganado y objetos de lo más variado, y hasta había puestos de cambio de moneda.

—¿Qué estáis haciendo aquí? –gritó Jesús–. ¡No hagáis de la casa de mi padre una casa de comercio!
178

Y volcando las mesas de los puestos, expulsó a todos del Templo, humanos y animales. No podía consentir que deshonrasen la casa de su Padre.

La ofrenda de la mujer pobre
(Marcos 12)

Jesús se sentó en la entrada del Templo y observó a la gente que entraba y dejaba dinero en unos grandes cofres como ofrenda a Dios.

Algunos echaban mucho dinero, y sus monedas
repicaban con fuerza al caer. Otros echaban
menos, y con menos ruido, sus monedas también
repicaban.

181

Entonces entró una mujer que llevaba dos monedas pequeñísimas. Al echarlas en uno de los cofres, ni siquiera sonaron.

—¿Veis a esa mujer? –comentó Jesús a sus amigos–. Ella dio muchísimo más que los otros, porque esas dos monedas eran todo lo que tenía. Y eso es lo que le ha ofrecido a Dios: todo.

La Última Cena (Juan 13)

Jesús sabía que pronto tendría que irse, y quiso compartir la cena pascual con sus mejores amigos. Antes de sentarse a la mesa, se arrodilló y comenzó a lavarles y secarles los pies como si fuera un sirviente.

—Haced lo mismo y seréis felices –les pidió Jesús–, sirviéndoos los unos a los otros y ayudando a los demás.

Ya en la mesa, Jesús tomó el pan, dio gracias a Dios, lo partió y se lo dio a sus discípulos diciendo:

—Tomad y comed. Este es mi cuerpo, que será entregado por vosotros.

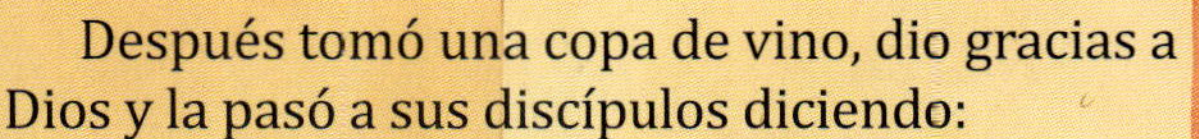

Después tomó una copa de vino, dio gracias a Dios y la pasó a sus discípulos diciendo:

—Tomad y bebed. Esta es mi sangre, que será derramada para el perdón de los pecados. Haced esto en conmemoración mía.

Camino al amor (Juan 14)

Los discípulos notaban que Jesús actuaba como si se estuviera despidiendo. No podían imaginar la vida sin su amigo y estaban tristes.

Jesús trató de consolarlos, y les dijo que se iba
para prepararles un lugar en la casa de su Padre.
Que no se preocuparan, que ellos encontrarían
el camino para llegar allí, y que ya estarían juntos
para siempre.

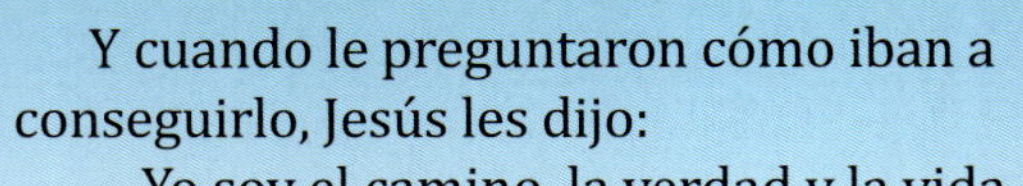

Y cuando le preguntaron cómo iban a conseguirlo, Jesús les dijo:

—Yo soy el camino, la verdad y la vida. La forma de llegar al Padre es creer en mí.

Pero antes de marchar, quiso darles un nuevo mandamiento: que se amaran los unos a los otros como él los había amado, porque así todos sabrían que eran sus amigos.

El beso de la traición (Lucas 22)

Como Jesús sabía lo que le iba a pasar, pidió a sus amigos que rezaran con él en el monte de los Olivos, pero estaban tan cansados que se durmieron.

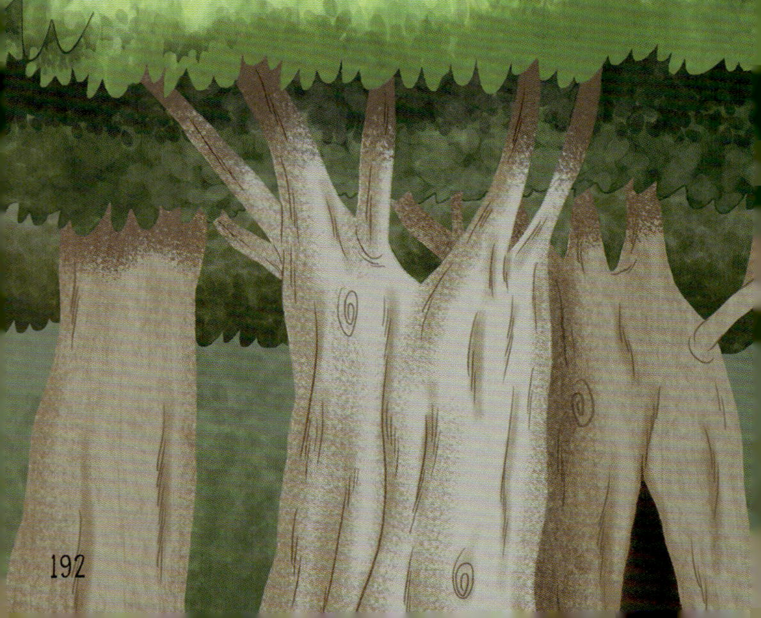

Al terminar su oración, Jesús los despertó para despedirse. Sabía que su hora había llegado. Judas Iscariote, que no había ido a rezar con ellos, se acercó a Jesús y le saludó con un beso.

Aquella era la señal de la traición, y enseguida apareció un grupo de soldados que lo rodeó y lo arrestó. A cambio de treinta monedas de plata, Judas prometió que le daría un beso a Jesús para que supieran a quién debían arrestar.

Jesús tenía enemigos porque decia que el único rey era su Padre, y todos los gobernantes querían silenciarlo porque cada vez más gente le seguía y resultaba una amenaza para su poder corrupto.
195

Y el gallo cantó (Mateo 26)

—¿Adónde te llevan, Jesús? –preguntó Pedro muy asustado.

—Adonde yo voy, no puedes seguirme ahora –respondió mientras lo apresaban los soldados.

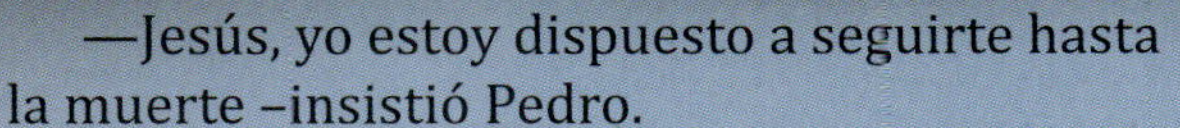

—Jesús, yo estoy dispuesto a seguirte hasta la muerte –insistió Pedro.

—Querido Pedro –dijo Jesús–, antes de que cante el gallo, me habrás negado tres veces.

Pedro lo siguió hasta el patio donde lo tenían detenido, y allí, una sirvienta le preguntó:

—¿No eres tú uno de los amigos de Jesús?

Él, asustado por correr la misma suerte, dijo que no conocía a Jesús de nada.

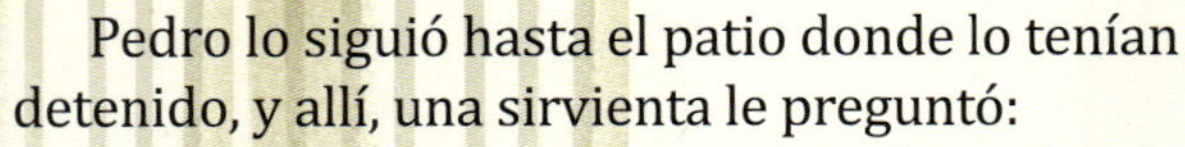

Luego le preguntó otra mujer, y más tarde un soldado. Pero Pedro respondió lo mismo: que no conocía a Jesús. Y el gallo cantó. Pedro recordó las palabras de Jesús y rompió a llorar.

¿Jesús o Barrabás? (Marcos 15)

Una vez detenido, acusado de ser un traidor, las autoridades lo condenaron a muerte y lo llevaron ante el gobernador Pilato para que lo interrogara.

En la fiesta de Pascua se liberaba a un prisionero, y eran los vecinos quienes elegían a quién querían dejar libre. Poncio Pilato le preguntó a la gente:

—¿A quién queréis dejar libre, a este que dice ser rey de los judíos o al ladrón Barrabás?

—¡A Barrabás! ¡A Barrabás! –gritaron algunos.

Pilato se lavó las manos en un cuenco lleno de agua, liberó a Barrabás y entregó a Jesús para que lo crucificaran.

203

Junto a los ladrones (Lucas 23)

Un oscuro viernes, Jesús fue crucificado en
el Calvario, un lugar a las afueras de Jerusalén.
Aún tuvo tiempo de mostrar su misericordia con
sus palabras:

—Padre, perdónalos. Porque no saben
lo que hacen.

A cada lado, le acompañaban dos hombres
condenados por ladrones. Uno de ellos se burló
de él:

—Si de verdad eres el rey de los judíos, sálvate a
ti mismo.

—Tú y yo merecemos esto
–dijo el otro–, pero Jesús no
ha hecho nada malo.

Jesús le prometió que esa noche estaría con él en el paraíso.

Justo antes de morir, Jesús dijo:

—Padre, en tus manos encomiendo mi espíritu.

La tierra tembló y el cielo se oscureció.
La gente murmuraba:
—Verdaderamente, este era el Hijo de Dios.

207

El sepulcro vacío (Mateo 28)

Un hombre llamado José de Arimatea pidió a Pilato que le dejaran enterrar a Jesús. Cerraron la entrada al sepulcro con una gran piedra y colocaron a unos soldados para evitar que robaran el cuerpo.

El domingo, las mujeres acudieron a la tumba
de Jesús, pero al llegar vieron que la piedra que
sellaba la entrada estaba a un lado y que
el sepulcro estaba vacío.

Cuando empezaban a pensar que alguien había robado el cuerpo de Jesús, unos ángeles aparecieron, brillando como el sol, y les dijeron:

—¿Por qué buscáis entre los muertos al que vive?
¡Jesús ha resucitado!
Y las mujeres fueron a contar a los amigos de
Jesús lo sucedido.

Un extraño en el camino (Lucas 24)

Dos amigos de Jesús caminaban hacia una aldea llamada Emaús. Iban comentando todo lo ocurrido cuando un desconocido se les acercó y les preguntó de qué estaban hablando.

Asombrados de que no se hubiera enterado, los dos amigos le contaron brevemente la vida y milagros de Jesús, así como su triste muerte y su desaparición. Entonces, el extraño les preguntó:

—¿De qué os sorprendéis? ¿No os dijo que tenía que pasar por ese sufrimiento para entrar en la gloria de Dios?

Y fue recordándoles lo que las Escrituras decían del Mesías hasta que entraron en Emaús.

Como era tarde, los amigos de Jesús le invitaron a cenar, y el extraño tomó el pan y lo partió dando gracias a Dios.

Entonces lo reconocieron: ¡el extraño era Jesús! Y en aquel momento, desapareció.

Tomás duda (Juan 20)

Tomás, aunque los demás le contaron que Jesús estaba vivo y que le habían visto, no se lo creía.

—Hasta que no lo vea con mis propios ojos y toque sus heridas, no me lo creeré –dijo.

Así, cuando los amigos de Jesús estaban juntos en una casa, de pronto, Jesús se les apareció. Esta vez sí que estaba Tomás, y Jesús se dirigió a él.

—Mira mis manos –le dijo Jesús– y toca mi costado.

Y, tras comprobarlo, Tomás cayó de rodillas al suelo, llorando de alegría, porque ahora estaba seguro de que su amigo Jesús estaba vivo.

—Tomás –añadió Jesús–, porque me has visto,
has creído. Bienaventurados los que no vieron y, aun
así, creyeron.

219

Desayuno en la playa (Juan 21)

Poco después, Pedro, Juan y otros marineros salieron a pescar en mitad de la noche. Aunque no lograban atrapar ningún pez.

Cuando el sol comenzaba a despuntar, Pedro vio a un hombre en la playa.

—¿Cómo va la pesca? –gritó el hombre.

—¡No ha picado ni uno! –dijo Pedro.

—Echa las redes por el lado derecho de la barca –indicó el hombre.

Y al recogerlas… ¡estaban llenas de peces!

Juan miró al hombre de la playa y exclamó:

—¡Es Jesús!

Y Pedro se lanzó al agua y nadó hasta la orilla. Quería pedirle perdón por haber negado que le conocía. Jesús le perdonó y le pidió que fuera su pastor en la Tierra.

La Ascensión (Hechos 1)

Jesús estuvo junto a sus amigos cuarenta días, tras los que subieron a una colina que estaba cerca de Jerusalén.

Allí les pidió que difundieran su mensaje por todo el mundo. Debían quedarse unos días más en Jerusalén, porque él les enviaría al Espíritu Santo para que les ayudase a cumplir su misión.

Levantó las manos para bendecirlos y...
¡Jesús empezó a ascender hacia el cielo!
Sus amigos seguían mirando cómo
se alejaba, hasta que llegó a las nubes.
Entonces, unos ángeles aparecieron
y les dijeron:

—¿Por qué seguís mirando al cielo? ¡Jesús volverá! Y lo hará de la forma en que le habéis visto irse.

Sus amigos estaban felices con la promesa de su regreso.

Pentecostés (Hechos 2)

Los amigos de Jesús se quedaron en Jerusalén juntos, esperando la ayuda que Jesús les había prometido antes de subir al cielo.

Un día, mientras rezaban en una casa, notaron que la estancia se llenaba de fuertes ráfagas de viento. Asustados, comenzaron a mirarse unos a otros, ¡y descubrieron que sobre sus cabezas había pequeñas llamas de fuego!

Todos quedaron llenos de Espíritu Santo
y, cuando comenzaron a hablar, lo hicieron en
idiomas diferentes, que nunca habían estudiado.
Entusiasmados, salieron a la calle para contar
la historia de su amigo Jesús.

Con alegría, comprobaron que todos, vecinos y extranjeros, podían entender sus palabras. A partir de aquel día, la familia de Dios creció y creció, formándose con las personas que quisieron, quieren y querrán a Jesús.

La bondad de Tabita (Hechos 9)

Tabita era una mujer que vivía en la ciudad de Jafa. Disfrutaba cosiendo bonitas túnicas que regalaba a la gente que no tenía. Sus buenas obras eran conocidas por todos sus vecinos.

Un día se puso enferma, y al poco tiempo
falleció. Sus amigos estaban desconsolados.
Algunos oyeron que Pedro estaba en
una zona cercana, y fueron a buscarlo.

Cuando Pedro llegó a casa de Tabita, se encontró con que estaban preparándola para el entierro. Los que la acompañaban, lloraban amargamente.

Pedro se arrodilló a su lado y rezó y rezó.

Después dijo:

—Tabita, levanta.

Y le tendió su mano. ¡Y Tabita se levantó! Sus amigos, felices, corrieron a abrazarla entre lágrimas de alegría.

Pedro es arrestado (Hechos 12)

Tras la muerte de Jesús, los gobernantes hicieron más leyes injustas para perseguir a los cristianos. Muchos de ellos fueron encarcelados y sentenciados a muerte; pero siguieron compartiendo las palabras de Jesús.

Además de predicar, Pedro hacía milagros,
y los soldados empezaron a buscarlo hasta que
consiguieron atraparlo y encarcelarlo. Sus amigos
temían por su vida, e hicieron lo único que podían
hacer: rezar juntos.

Pedro estaba encadenado y custodiado por muchos guardias cuando un ángel se le apareció:

—Pedro, levántate y sígueme –dijo, y todos los soldados cayeron dormidos.

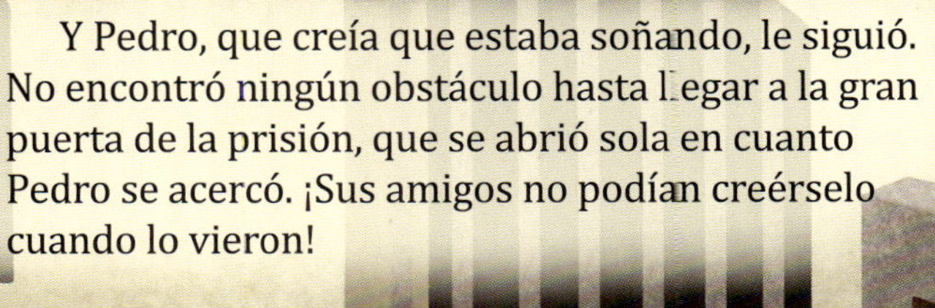

Y Pedro, que creía que estaba soñando, le siguió. No encontró ningún obstáculo hasta llegar a la gran puerta de la prisión, que se abrió sola en cuanto Pedro se acercó. ¡Sus amigos no podían creérselo cuando lo vieron!

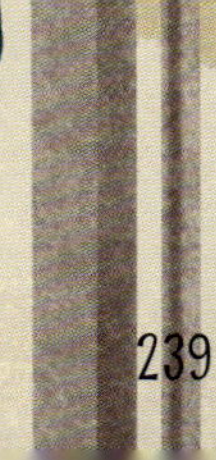

Un nuevo amigo (Hechos 9)

Algunos líderes seguían persiguiendo a los cristianos, y Saulo era uno de ellos.

Cuando iba hacia Damasco, una luz le deslumbró y se cayó del caballo. Entonces oyó una voz que le dijo:

—Saulo, Saulo,
¿por qué me persigues?
—¿Quién eres? –preguntó él.
—Soy Jesús –dijo la voz–.
Ve a la ciudad, allí
te dirán qué hacer.

Saulo consiguió ponerse en pie, ¡pero no podía ver! Le ayudaron a llegar a Damasco y allí recibió la visita de un hombre llamado Ananías, que le dijo:

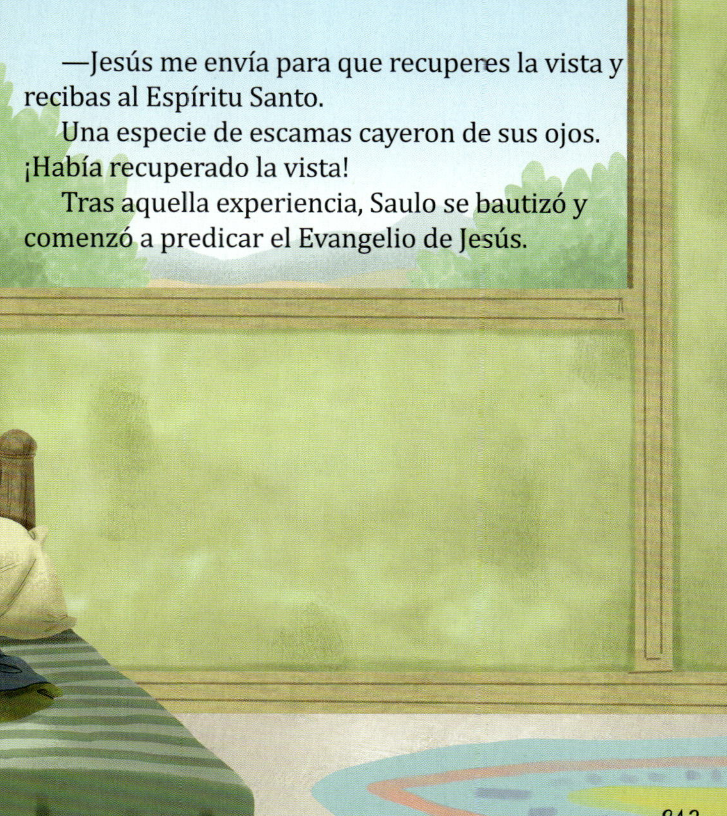

—Jesús me envía para que recuperes la vista y recibas al Espíritu Santo.

Una especie de escamas cayeron de sus ojos. ¡Había recuperado la vista!

Tras aquella experiencia, Saulo se bautizó y comenzó a predicar el Evangelio de Jesús.

Larga es la noche (Hechos 9 y 28)

Saulo cambió su nombre por Pablo y, al hacerse seguidor de Jesús, los que antes eran sus amigos se convirtieron en sus enemigos. Cuando contaba lo que le había pasado, los que le escuchaban se convertían.

Sus antiguos compañeros querían capturarlo.
Una noche, aprovechando la oscuridad, sus nuevos
amigos le ayudaron a escapar de Damasco, oculto
en una gran cesta, descolgándolo por la muralla.

245

Pablo comenzó a viajar por todo el mundo para compartir las enseñanzas de Jesús. Fundó muchas comunidades cristianas y ayudó a que la familia de Dios creciera. Y por ese motivo, fue encarcelado en Filipos.

Para seguir en contacto con todos, comenzó a escribir cartas, ¡muchas! En ellas, Pablo recuerda a los amigos de Jesús lo importantes que son la fe y la esperanza; pero que por encima de todo está el amor, a Dios y al resto de personas.

La historia sin final (Apocalipsis 21-22)

Juan, que había seguido a Jesús desde el principio, cuando era muy mayor fue condenado a vivir solo en la isla de Patmos, para que no tuviera a nadie a quien contarle la vida de Jesús.

En una de aquellas noches de soledad, Jesús
se le apareció en sueños y Juan vio un cielo y una
tierra nuevas, la ciudad más bonita que nunca
había visto.

También escuchó una gran voz, que le dijo:

—Yo soy el principio y el fin, y daré al sediento el agua de la fuente de la vida. Dios está con los hombres, y ya no habrá muerte ni dolor.

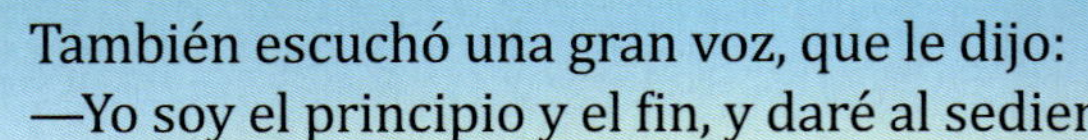
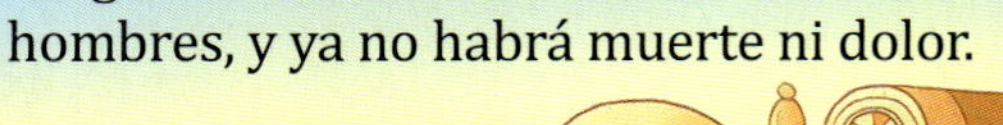

También vio Juan la Ciudad Santa, rodeada por un gran muro con doce puertas, vigiladas por doce ángeles.

—¡Volveré pronto! –dijo Jesús.

Que así sea.

Índice

© SAN PABLO 2023
Protasio Gómez, 11-15. 28027 Madrid
Tel. 917 425 113 - Fax 917 425 723
E-mail: secretaria.edit@sanpablo.es - www.sanpablo.es

Ilustraciones: Tatio Viana
Representado por Tormenta
www.tormentalibros.com

Distribución: SAN PABLO. División Comercial
Resina, 1. 28021 Madrid
Tel. 917 987 375 - Fax 915 052 050
E-mail: ventas@sanpablo.es
ISBN: 978-84-285-6978-1
Depósito legal: M. 28.309-2023
Printed in China. Impreso en China